AF288816

Bernard Friot

Marque

Cornelsen

Il a fallu huit jours seulement
pour créer l'événement.
Huit jours, plus quelques
maillots de basket, des ciseaux,
du fil, une machine à coudre, et
un peu d'imagination.
Quelques personnages aussi,
bien sûr :
– la bande des 4ème 5 : Alice,
Cassandra, Noria, Tessa, Fazil
et Tony ;

– Thomas, le frère d'Alice, et ses copains de 5ème 1 ;
– Mme Naili, la mère de Fazil ; et quelques autres.
Ah, et puis un lieu : la cité des Quatre Cents, quelque part en France, près d'une grande ville.

Jour 1

Un mercredi après-midi, début mars. Il pleut.

Thomas rentre en courant chez lui. Au premier étage, devant un appartement, il s'arrête, pose son sac, enlève ses baskets. Puis il ouvre la porte, entre pieds nus dans le couloir. Quand il passe devant la cuisine, il est arrêté par des rires.

– Eh, tu t'es déguisé pour le carnaval ! s'écrie sa sœur Alice. Autour de la table, il y a toute la bande des 4ème 5 : Alice, bien sûr, Cassandra, Noria assise sur les genoux de Fazil et Tony, debout, le dos contre le frigidaire.

Sans répondre, Thomas se précipite à la salle de bains, au fond du couloir. Il en ressort, une serviette à la main, en se frottant les cheveux.

– Pas mal, ton look ! dit Noria. C'est ironique. Thomas baisse les yeux sur son torse et ses jambes, enveloppés dans un maillot de basket trop grand pour lui.

– Ah oui, dit-il. J'ai oublié mon anorak, c'est tout ce que j'ai trouvé.

Et il s'empresse d'ôter le maillot, se retrouvant en jean.

– Tu l'as trouvé où ? demande Alice.

– Au basket. Éric, notre entraîneur, en a récupéré tout un stock et il nous en a donné. J'en ai trois dans mon sac.

– Montre, dit Fazil.

Thomas va chercher son sac de

sport, en sort deux maillots de basket. Fazil en prend un, l'enfile, pour rire. Le maillot couvre presque ses genoux.

– Ça vient d'où, ce truc ? *Made in China*, je suis sûr, c'est pas une marque.

– Ah, parce que toi, tu as les moyens de te payer des marques ? ironise Cassandra.

– O.K., O.K., dit Noria. On va pas recommencer la discussion. Y en a marre de ces histoires de marques! Même en cours de français, on en a parlé. Thomas,

on peut en avoir aussi de ces
maillots ?

– Oui, je pense, dit Thomas en
posant son verre sur l'évier.
Mais ils sont tous de la même
taille.

Voilà, c'est tout pour ce jour-là.
L'histoire avait commencé,
mais ils ne le savaient pas.

Jour 2

Au collège, près du portail d'entrée, quelques minutes avant le début des cours de l'après-midi. Tony est avec Cassandra, assis sur le dossier d'un banc. Il aperçoit Thomas qui passe le portail avec deux élèves de sa classe, la 5ème 1.

– Eh, Thomas ? C'est vrai, ce que tu as dit hier pour les maillots de basket ?

– Ouais. Si tu viens demain soir avec moi, tu peux en prendre autant que tu veux. Éric en a reçu plusieurs cartons.

– Oh, cool, dit Cassandra. En fait, j'ai eu une idée …

Tony éclate de rire.

– Enfin, si on peut appeler ça une idée …

Cassandra lui donne un coup de coude. Elle sourit.

– Tu verras, dit-elle. Ça va être le scoop de l'année.

Alice et Noria les rejoignent.

– Alors ? demande Noria.

– C'est O.K., dit Cassandra.

Demain soir, rendez-vous au gymnase après l'entraînement de basket. Ça finit à quelle heure, Thomas ?

– En général, vers 19 heures.

– Bon, on y sera. Toi aussi, Tony, insiste-t-elle. Et tu amènes Fazil, il a promis de venir.

Tony marmonne quelque chose que Thomas ne comprend pas. Du regard, il interroge sa sœur Alice. Elle hausse les épaules.

– Tu verras, dit-elle.

– À demain, lui dit Noria.

Thomas s'éloigne, s'empresse

de rejoindre ses camarades de classe. Dans le hall d'entrée, il passe, indifférent, devant une affiche punaisée sur un panneau de bois. Photo d'un jean, étiquette arrachée sur la poche arrière. Un slogan : *Démarque-toi !*

Jour 3

Chez Cassandra. Elle est la seule à habiter une maison. Sa chambre est l'ancien grenier. Un matelas dans un coin, un bureau au milieu de la pièce et des valises en carton pour ranger ses affaires, c'est tout.

Sur le tapis indien, un tas de vêtements. Des maillots de basket dans toutes les couleurs. Assis tout autour, la bande des

4ème 5. En plus de Cassandra, Alice, Noria et les deux garçons, une nouvelle : Tessa, un mètre quatre-vingts, teint chocolat noir, cheveux très courts teints en blond.

 Thomas est là, aussi, en retrait derrière le groupe.

Fazil tire un maillot du tas, l'enfile sur son pull noir. Il tend les bras, tourne sur lui-même.

– Non, mais qu'est-ce que vous voulez faire avec ces trucs ? C'est débile, votre plan.

Noria se lève, lui bloque les bras, le force à s'immobiliser.

– Tu vois, dit-elle à Cassandra, la couleur sur le noir, c'est super. C'est l'idée de la ligne.

Cassandra fait la moue.

– Ouais, mais tu veux les coudre par-dessus ou quoi ?

Fazil s'agite, se dégage.

– La ligne, la ligne, vous vous prenez la tête, les meufs …

– Et alors ? le coupe Alice. T'as pas entendu parler de ce type d'une cité qui a créé sa marque de t-shirt ? Il a même ouvert une boutique à Paris …

– Eh, respire, Alice ! dit Noria.

Faut pas rêver. C'est juste pour rigoler ...

Tessa se met à genoux. Elle tire deux maillots du tas, les examine sous toutes les coutures.

– Dis, Cassandra, tu aurais des ciseaux de couturière et des épingles ? Et un vieux t-shirt ?

Deux minutes, Cassandra dépose devant Tessa une paire de ciseaux, une petite boîte en fer et un t-shirt blanc.

– C'est à mon père, dit-elle. Il a des trous dans le dos.

– Pas grave, dit Tessa.

Elle fait signe à Tony de se lever. Elle lui passe le t-shirt et, par-dessus, un maillot rouge et noir. Avec quelques épingles, elle fixe le maillot sur le t-shirt.
– Attention, proteste Tony, tu vas me piquer.
– Mais oui, mon chéri.
Tony vire aussitôt au rouge tomate.
Cassandra prend les ciseaux et découpe le maillot. Elle enlève des morceaux entiers qu'elle jette par terre. Elle fixe ce qui reste avec deux ou trois

épingles, puis elle se recule et examine son travail.

– Voilà, dit-elle. On ne laisse que des traces du maillot et on les coud sur un vêtement uni, une robe, une chemise, un t-shirt.

Thomas s'avance un peu.

– J'aime bien, dit-il.

Et puis, comme les autres ne réagissent pas, il ajoute :

– Il faudrait trouver un nom, comme une marque.

Tous le regardent. Sans rien dire. Sans rien oser dire. Et puis Tessa brise le silence :

– C'est bien joli tout ça, mais comment on va faire ? Il y a quelqu'un qui sait coudre, ici ?

– Moi, dit Fazil.

– Hein ? lâche Tessa. Toi ? Tu sais coudre ?

– Non, je rigole, répond Fazil en agitant comiquement les mains. Mais on peut demander à ma mère. Avant, elle travaillait dans un atelier de couture.

– Waouh, génial, s'écrie Cassandra. Si on allait la voir ? Oui, tout de suite !

Jour 4

Chez Fazil. Enfin, chez sa mère, Mme Naili.

Les filles sont assises autour de la table de la salle à manger, Alice et Noria d'un côté, Cassandra et Tessa de l'autre. Mme Naili préside à un bout, devant la machine à coudre. Fazil se tient derrière sa mère, une main sur la chaise, pas très à l'aise. Tony n'est pas encore arrivé.

Cassandra sort trois maillots d'un sac et le premier modèle de la collection. L'ancien t-shirt de son père avec les morceaux de maillot de basket découpés et cousus. Mme Naili le prend, le tend devant elle, l'examine un instant.

– Le problème, ça va être les coutures, dit-elle enfin. Le tissu n'est pas de bonne qualité, mais je vais trouver une solution. Je vous fais celui-là pour demain, mais ensuite il faudra vous mettre au travail. Toi aussi, Fazil !

Elle se tourne vers son fils, le regarde d'un air amusé. Fazil rougit (légèrement). À cet instant, sonnerie à la porte d'entrée. C'est Tony.

– Tu arrives après la bataille, garçon, dit Mme Naili. Fazil, emmène tes camarades à la cuisine et offre-leur à boire, tiens, du thé à la menthe, s'ils aiment ça. Les filles, vous savez que Fazil fait le meilleur thé à la menthe de la cité ?

Cette fois-ci, les joues de Fazil sont rouge tomate. Rires des filles (sauf de Noria).

À la cuisine, pas de thé à la menthe. Mais du thé glacé à la pêche. Au milieu des bavardages désordonnés, Tony lance brusquement :

– J'ai une idée pour le nom de la marque : *Les 400 coups.*

Un instant de silence. Puis Cassandra, sceptique :

– Ça n'existe pas déjà ?

Alice :

– Moi, je trouve ça super : la cité des Quatre Cents, *Les 400 coups.*

– Merci, on avait compris, fait Noria.

– Ah oui ? Pas moi, dit Fazil.
Discussions. Les voix
s'emmêlent, se bousculent. À
côté, au salon, le ratatata de la
machine à coudre.

Jour 5

Dimanche après-midi. Chez Fazil (enfin, chez sa mère, Mme Naili). Dans un coin du salon, la télévision est allumée. Le frère aîné de Fazil regarde un match de foot, casque sur les oreilles. Agitation autour de la longue table. Une pile de maillots de basket. Et un tas de vêtements : jeans, t-shirts, vestes sombres, robes, chemises. Cassandra et

Tessa découpent des pièces dans les maillots. Alice et Tony les épinglent sur les vêtements. Noria est à la machine, guidée par Mme Naili. Thomas est là, aussi. Il sert de mannequin vivant. Tony, trois épingles dans la bouche, le fait tourner lentement, lui soulève un bras.
– Pas mal, dit Noria. Sauf le morceau sur l'épaule, c'est en trop, je trouve. Bon, Thomas, tu peux enlever la veste et tu enfiles le jean.
– On devrait faire des caleçons, dit Cassandra.

– Ben, comptez pas sur moi pour les essayer, marmonne Thomas.

– Fazil ? Alors, ça arrive ? crie Mme Naili (voix forte, pleine de soleil).

– Oui, oui ...

Fazil avance dans la pièce, les bras chargés d'un plateau de cuivre. Théière en métal, verres à thé, une coupe remplie de petits gâteaux.

– Faites-moi de la place ! Vite, c'est lourd.

– On a combien de vêtements terminés ? demande Tessa.

– Quatre. Cinq avec le jean, répond Noria.

– Seulement ? soupire Cassandra.

– Bon, Fazil, verse le thé, dit Mme Naili.

Jour 6

Mercredi après-midi. Même décor. Ils sont là, depuis quatorze heures (sauf Tony arrivé en retard, et Thomas, à son entraînement de basket).
Travail à la chaîne. Routine, presque.
Tessa a apporté des cookies au chocolat pour manger avec le thé.

Vers dix-sept heures, quatorze vêtements sont terminés.

– Les enfants, vous avez mérité une pause, dit Mme Naili.

Les enfants ? Cassandra ouvre la bouche pour protester. La referme aussitôt. Mme Naili a sorti une boîte en carton du buffet. Elle l'ouvre, en sort un paquet de petits rectangles de tissu. Elle retourne le premier de la pile, le pose au milieu de la table.

– J'ai brodé des étiquettes à la machine. Qu'est-ce que vous en

pensez ? *Les 400 coups*, c'est bien
ça ?

– Ouais, génial ! s'exclame
Alice.

Elle prend l'étiquette et une
chemise de la collection.

– On la met où ? Sur le devant,
au milieu du dos ? Il faut que
ça se voie.

– Montre, dit Tessa. Je ne savais
pas qu'on s'était décidé pour
un nom de marque ... Je croyais
que c'était juste une
proposition ...

Un instant de gêne. Tessa
tourne l'étiquette entre ses

doigts. Elle remarque les regards des autres, en attente.

– Moi ça me va, dit-elle, c'est sympa. On devrait la coudre juste en dessous de l'épaule gauche, par-devant.

Voilà, c'est décidé.

Jour 7

Au collège, dans la cour, jeudi matin.

– Il faut qu'il y ait des 3èmes, sinon ça marchera pas …

– J'en ai parlé à ma cousine, elle est en 3ème 1. C'est O.K. Elle a flashé sur la veste rouge. Cassandra et Alice sont assises, dos au mur du réfectoire. Un brin de soleil réchauffe les visages.

– Et Tessa pourrait demander à

Lucille, de 3ème 4, dit Alice.
Elles vont toutes les deux au
club de salsa.

– Et les garçons ? Fazil ne veut
pas le faire …

– T'inquiète, on se retrouve
chez lui ce soir, répond Alice.
Entre Noria et sa mère, il sera
bien obligé d'accepter. Thomas
vient avec deux potes du club
de basket. C'est lui qui s'est
proposé.

Cassandra arrache un brin
d'herbe, s'en caresse la joue.

– Quand même, j'ai hyper le
trac … On va se faire traiter de

bouffons ... Si c'est comme ça, je ne remets plus jamais les pieds dans ce bahut.

Alice se lève, frotte son jean, arrange ses cheveux.

– Moi, je n'ai rien à perdre. J'en ai marre des réflexions et des regards parce que je n'ai pas les bons trucs et les bonnes marques sur le dos. Et puis, c'est marrant ...

Là-haut, un nuage, un seul, a raison du soleil. Une ombre géante traverse la cour du collège.

Jour 8

Mme Leduc, la prof de français, est arrivée un quart d'heure en avance dans la salle 117. De 8 heures à 10 heures, elle a cours avec les 4ème 3. Elle sort de l'armoire une pile de manuels d'orthographe, les distribue sur les tables, retourne à son bureau, ouvre son cartable. Un pigeon se pose sur le bord de la fenêtre. Elle frappe au carreau

pour l'éloigner. Elle n'aime pas
ces bêtes-là.

Elle reste à la fenêtre, observe la
cour. Il y a un attroupement
près du portail. Elle reconnaît
quelques-uns de ses élèves :
Tessa, Alice, Cassandra. Fazil,
aussi, et Tony. Mais qu'est-ce
qu'ils ont sur le dos ? Des
vêtements unis avec des
morceaux de couleur aux
formes bizarres. Ils n'ont
jamais d'argent pour acheter
un livre, mais pour les dernières
fringues à la mode, pas de

problème. Et les parents
laissent faire.

Ah, Noria arrive. Elle a une
veste longue noire avec des
pièces vertes, rouges et jaunes.
Ils se sont donné le mot, on
dirait. Et ils ne sont pas les
seuls. Mme Leduc repère
d'autres élèves vêtus de
vêtements semblables. Noria
monte sur le petit mur qui
sépare la cour du garage à vélos.
Un cercle se forme en face
d'elle. Elle porte les mains à sa
bouche, en porte-voix, et crie
quelque chose. Cassandra,

alors, avance vers elle, en imitant la démarche des mannequins dans les défilés de mode. Elle s'arrête, tourne sur elle-même, repart, pendant que Tessa s'avance à son tour. Malgré la vitre, Mme Leduc entend des rires, des applaudissements.

Elle soupire, pense : à quoi ça sert de les faire réfléchir ? Ils sont complètement manipulés ; c'est ça, la société de consommation. Elle regarde sa montre (une montre de marque, un cadeau de son

mari) : les cours commencent
dans deux minutes, elle doit
aller chercher les élèves.
Dans le hall, elle croise deux
filles de 3ème 2. Elles aussi
portent les vêtements de cette
marque nouvelle. Étiquette
bien visible, sous l'épaule
gauche : *Les 400 coups*.
Honnêtement, c'est pas mal,
pense Mme Leduc. Original,
amusant, et coloré. Surtout la
veste. Je pourrais en offrir une à
Elsa pour son anniversaire.
Déjà elle est passée. Elle
n'entend pas les deux filles

commenter l'événement :

– Tu as vu, ils ont tous marché !
Ils croient vraiment que c'est
une marque !

– Mais c'en est une ! À partir de
maintenant !

Bernard Friot est né près de Chartres en 1951, mais il a posé ses valises dans plusieurs villes de France et d'Allemagne.

Il a été longtemps enseignant de lettres, professeur d'École normale, formateur d'instituteurs et, pendant quatre ans, responsable du Bureau du Livre de Jeunesse à Francfort-sur-le-Main. Il s'est installé depuis quelques années à Besançon où il se consacre à l'écriture et à la traduction. Bernard Friot se définit comme un « écrivain public » : il a besoin de contacts réguliers avec ses jeunes lecteurs pour retrouver en lui-même les émotions, les images qui font naître ses histoires.

Il attache aussi une grande importance à la traduction de livres allemands pour la jeunesse car, pour lui, la traduction est un travail de création aussi noble et passionnant que l'écriture. À ce jour, il a traduit plus de quarante romans et albums.

Nouvelle Bibliothèque Junior

Bernard Friot · **Marque**

Herausgeber	Thilo Karger, Klaus Mengler
Vokabelannotationen	Thilo Karger
Verlagsredaktion	Corinna Martin-Werner
Gesamtgestaltung und technische Umsetzung	Buchgestaltung+, Berlin
Umschlagfoto	© Getty Images/Gulfimages/RF

www.cornelsen.de

1. Auflage, 4. Druck 2023

Alle Drucke dieser Auflage sind inhaltlich unverändert
und können im Unterricht nebeneinander verwendet werden.

Druck: Esser printSolutions GmbH, Bretten

ISBN 978-3-06-022702-0

Vocabulaire

Marque

Für das 2. Lernjahr unbekannte Formen des *imparfait*, *conditionnel* und des *futur simple* sind in der konjugierten Form angegeben.
Die deutsche Entsprechung der Vokabeln bezieht sich auf den Kontext der Erzählung und entspricht somit nicht immer der Hauptbedeutung.

A

à côté nebenan
être **à l'aise** sich wohl fühlen
l'**agitation** *f.* die Aufregung
agiter bewegen
s'**agiter** sich hin und her bewegen
ajouter hinzufügen, ergänzen
amener mitbringen
ancien/ne ehemalige, frühere
l'**année** *f.* das Jahr
apercevoir sehen, bemerken
l'**applaudissement** *m.* der Applaus
arracher abreißen

arranger herrichten, in Form bringen

être **assis/e** sitzen

l'**atelier de couture** *m.* die Schneiderei

l'**attroupement** *m.* der Auflauf (von Menschen)

au milieu de inmitten von

tu **aurais** hättest du

aussitôt sofort

autant que soviel wie

B

le **bahut** die Penne, die Schule

baisser les yeux die Augen niederschlagen

la **bataille** die Schlacht

le **bavardage** das Gerede

la **bête** das Tier

bizarre seltsam

boire trinken

la **bouche** der Mund

le **bouffon** die lächerliche Figur

le **brin d'herbe** der Grashalm

le **brin de soleil** der Sonnenstrahl

briser le silence das Schweigen brechen

broder sticken

brusquement plötzlich, unerwartet

le **buffet** der Geschirrschrank

C
le **caleçon** die Unterhose
se **caresser** sich streicheln
le **carreau** die Fensterscheibe
celui-là dieses da
la **chaîne: le travail à la chaîne** die Fließbandarbeit
chargé/e de beladen mit
les **ciseaux** *m.* die Schere
la **cité** die Siedlung (in einer Vorstadt)
le **coin** die Ecke
le **coude** der Ellbogen
coudre nähen
le **couloir** der Gang, der Flur
le **coup** der Schlag
(faire) les **400 coups** Dummheiten (machen)
la **coupe** die Schale
couper unterbrechen
courir rennen
cousu/e (auf)genäht
la **couture** die Naht; das Schneiderhandwerk
la **couturière** die Schneiderin, die Näherin
couvrir bedecken

créer ins Leben rufen
ils **croient** sie glauben
croiser über den Weg laufen
je **croyais** ich dachte
le **cuivre** das Kupfer

D

d'un côté – de l'autre (côté) auf der einen Seite –
    auf der anderen (Seite)
débile idiotisch, schwachsinnig
(être) **debout** stehend
se **décider pour** sich entscheiden für
le **décor** der Schauplatz
découper ausschneiden
le **défilé de mode** die Modenschau
se **dégager** sich befreien
se **déguiser** sich verkleiden
se **démarquer** keine Markenzeichen mehr tragen
déposer hinlegen
désordonné/e ungeordnet, durcheinander
on **devrait** wir sollten
on **dirait** sollte man meinen
le **doigt** der Finger
le **dossier** die Rückenlehne

E

éclater de rire in Lachen ausbrechen
s'**écrier** rufen
s'**éloigner** sich entfernen
s'**emmêler** sich mischen
emmener mitnehmen
s'**empresser** sich beeilen
en attente abwartend
en dessous de unterhalb von
enlever ausziehen, rausnehmen
en porte-voix trichterförmig
en retrait derrière hinter
enfiler anziehen, überstreifen
l'**entraînement** *m.* das Training
l'**entraîneur** *m.* der Trainer
l'**épaule** *f.* die Schulter
l'**épingle** *f.* die Stecknadel
épingler (mit Nadeln) feststecken, abstecken
l'**événement** *m.* das Ereignis
l'**évier** *m.* die Spüle
examiner eingehend betrachten
s'**exclamer** ausrufen

F

il a **fallu** es hat gebraucht/gedauert
il **faudra** ihr werdet müssen
il **faudrait** man müsste
le **fer** das Eisen
le **fil** der Faden
flasher sur sich begeistern für
cette **fois-ci** dieses Mal
le **frigidaire** der Kühlschrank
(se) **frotter** (sich) abreiben

G

géant/e riesenhaft, gigantisch
la **gêne** die Peinlichkeit
les **genoux** *m.* die Knie
le **grenier** der Dachboden
guidé/e par angeleitet von

H

hausser les épaules die Achseln zucken
l'**herbe** *f.* das Gras
honnêtement ehrlich, aufrichtig

I

l'**imagination** *f.* die Vorstellungskraft
s'**immobiliser** stillstehen
indifférent/e gleichgültig
s'**inquiéter** sich beunruhigen
l'**instant** *m.* der Augenblick
ironiser eine bissige Bemerkung machen

L

là-haut dort oben
se **lever** aufstehen
le **lieu** der Ort
lourd/e schwer

M

la **machine à coudre** die Nähmaschine
le **maillot** das Trikot
malgré trotz
le **manuel** das Schulbuch, das Lehrbuch
ils ont tous **marché** sie sind alle darauf reingefallen
ça (ne) **marchera pas** das wird nicht laufen/
    funktionieren
le **mari** der Ehemann

marmonner brummeln
marre: j'en ai marre ich habe die Nase voll
le **matelas** die Matratze
la **menthe** die Minze
mériter ein Anrecht haben, verdienen
se **mettre à genoux** auf die Knie gehen
la **meuf** das Mädel, das Weib
les **morceaux** *m.* die Stücke
la **moue: faire la moue** maulen, schmollen
les **moyens** *m.* die Mittel

O
être **obligé/e de** gezwungen sein ... zu
observer beobachten
l'**ombre** *f.* der Schatten
ôter ausziehen

P
la **paire de ciseaux** die Schere
le **panneau** das Schild
par-dessus darüber
par-devant vorne
se **payer** sich leisten
le **pigeon** die Taube

la **pile** der Haufen
piquer stechen
plein/e de voller
plusieurs mehrere
le **portail d'entrée** das Eingangstor/-portal
le **pote** der Kumpel
je **pourrais** ich könnte
elle **pourrait** sie könnte
se **précipiter** eilen
présider den Vorsitz haben
il a **promis** er hat versprochen
punaisé/e angeheftet

Q
quelques-uns einige

R
avoir **raison de** siegen über
réchauffer (auf)wärmen
le **rectangle** das Rechteck
se **reculer** einen Schritt zurücktreten
récupérer auffinden
le **réfectoire** der Speisesaal
le **regard** der Blick

ils les **rejoignent** sie holen sie ein
remettre les pieds den Fuß über die Schwelle setzen
rempli/e de gefüllt mit
repérer sehen, erkennen
ressortir wieder herauskommen
rire lachen
le **rire** das Lachen
rougir erröten

S
le **salon** das Wohnzimmer
sauf außer
ils **savaient** sie wussten
je **savais** ich wusste
le **scoop** der Knüller
semblable ähnlich
il **sera** er wird sein
on y **sera** wir werden da sein
la **serviette** das Handtuch
Si on allait la voir? Und wenn wir zu ihr gingen?
la **société de consommation** die Konsumgesellschaft
la **sonnerie** die Türklingel, das Klingeln
soulever anheben
soupirer seufzen

sourire lächeln
le **stock** der Vorrat, der Bestand

T
la **taille** die Größe
le **tapis** der Teppich
le **tas** der Haufen
le **teint** die Gesichtsfarbe
teint/e gefärbt
tendre strecken, ausstrecken
terminé/e fertig
le **thé glacé** der Eistee
la **théière** die Teekanne
t'inquiète (pas) mach' dir keine Sorgen
tirer de hervorziehen aus
le **tissu** der Stoff
le **torse** der Oberkörper
le **trac** Schiss, Bammel
la **trace** die Spur
se faire **traiter de bouffons** sich verspotten lassen
le **travail à la chaîne** die Fließbandarbeit
le **trou** das Loch

U
uni/e einfarbig

V
le **vélo** das Fahrrad
tu **verras** du wirst sehen
verser eingießen
le **vêtement** das Kleidungsstück
vêtu/e de bekleidet mit
vieux/vieil/vieille alt
virer au rouge rot werden
le **visage** das Gesicht
visible sichtbar
la **vitre** die Fensterscheibe
vivant/e lebend
vrai/e wahr, richtig